DECLARATION

DV ROY VERIFFIEE

EN LA COVR DE PARLEMENT,
les grand Chambre, Tournelle &
de l'Edict, assemblées pour la descharge des pieces & procez tant
indecis que iugez pour les Aduocats & Procureurs d'icelle Cour,
leurs vefues, enfans, heritiers ou
ayant caufe d'eux, auec l'arreft de
ladite Cour fur icelles.

A PARIS,

Chez I A M E T M E T T A Y E R, & P.
L'H V I L L I E R, Imprimeurs & Li-
braires ordinaires du Roy.

M. DCIII.

AVEC PRIVILEGE DV ROY.

DECLARATION DV ROY

veriffiée en la Cour de Parlement, les grand Chambre, Tournelle & de l'Edict, assemblées pour la descharge des pieces & procés tant indecis que iugez, pour les Aduocats & Procureurs d'icelle Cour, leurs vefues, enfans, heritiers ou ayant cause d'eux : auec l'Arreſt de ladite Cour fur icelles.

ENRY par la grace de Dieu Roy de France & de Nauare, A tous ceux qui ces presentes lettres verront, Salut. La communauté des Aduocats & Procureurs de noſtre Parlement, nous a humblement fait remonſtrer que dés leur ieuneſſe eſtans nourris & eſleuez

A ij

en la difcipline, correction & cenfure
des mœurs qui fe fait en l'affemblee
qu'ils font entre eux deux fois la fe-
maine, & en l'exemple & feuerité de
noftre Iufticepublique laquelle reluit
& efclaire par tout le monde: la fideli-
té a toufiours efté fi grãde parmy eux
& la foy du depoft fi faincte & inuio-
lable que au lieu qu'en la pluspart des
autres cõpagnies d'Aduocats & procureurs ils ne communiquent les vns
aux autres les pieces de leurs parties
que foubs la feureté reciproque de
leurs recepiffez ou inuétaires de com-
munication, & qu'il fe trouue encores
ordinairement entre eux des plaintes
de la perte d'iceux. Eux feuls entre
tous font en poffeffion depuis l'efta-
bliffemét de noftredite Cour de Parlement de fe bailler de bonne foy les
vns aux autres les pieces, tiltres, obliga-
tions, chartres, cedules, breuets & au-

tres enseignemens de quelque poix &
consequence qu'elles soyent sans au-
tre seureté inuentaire ne recepissé que
de leur simple promesse verbale, sans
qu'il soit memoire que iamais il en
soit aduenue perte, faute ou accident
quelconque. Et combien qu'à plus-
forte raison l'on ne puisse presumer
que pour tout le bien du monde pas
vn d'eux vouluft de mauuaise foy re-
tenir ou interuertir les sacs, instances,
ou productiõs des parties dõt ils sont
chargez par leurs recepissez ou sur les
registres des Huissiers ou autres, comme aussi iusqu'à present cela n'est iamais aduenu. Toutefois d'autant que
l'exercice de toutes autres actions
soyent personnelles, mixtes ou reelles
se trouuent bornees & le cours de leur
vie limité par les prescriptions intro-
duites par les loix & coustumes. Et
qu'au contraire la poursuite de la re-

stitution defdits facs & pieces dont il
fe trouueroient chargez n'eft point
reiglee, bien que tous lefdits proces
& inftances foyent de leur nature fujettes à eftre peries & efteintes par le
feul filence & difcontinuatió des pro-
cedures de trois ans. Et que les facs &
productions defdites parties foyent
fujettes à paffer par tant de diuerfes
mains. Sçauoir eft, des Iuges, des Gref-
fiers, des Huiffiers, des Aduocats &
Procureurs de toutes les parties qui
font en caufe, & de ceux qui interuié-
nent, qu'il foit quafi impoffible que
auparauant le iugement ils puiffent
longuement croupir entre les mains
des Procureurs ny pareillement des
Aduocats : & apres l'arreft donné ou-
tre ce qu'ils font inutils, les parties font
affez diligentes de les faire retirer ou
pour la taxe de leurs defpens ou pour
le recouurement de leurs pieces. Tou-

refois par ce que lefdits expofans font
le plus fouuent forcez par contrain-
tes rigoureufes, & crainte des empri-
fonnemens qui leur font faits ou
par les Iuges, ou par les Huiffiers, ou
par la violence & importunité des
parties ou folliciteurs, de rendre próp-
tement lefdits facs & pieces fans a-
uoir les regiftres des autres Huiffiers
fur lefquels ils en fót chargez pour faire rayer leurs noms: & n'ont moyé de
retirer fur l'heure leurs recepiffez, pro-
pofans de ce faire incontinét defchar-
ger. Dont ils font le plus fouuent de-
ftournez pour l'occafion des affaires
preffez & importans qui leur furuien-
nent de moment en moment, foit par
ce qu'ils font mandez aux Chambres
ou à la Barre pardeuant les Commif-
faires, ou pour refpondre aux fignifi-
cations importantes qui leur font faites par lefdits Huiffiers. Qui fait que

par leur oubliance ou negligence de
leurs clercs ou des foliciteurs ou autres fur lefquels ils s'affeurent & repo-
fent le plus fouuent encores que les
facs foyent rendus & les procez iugez,
ils fe trouuent chargez & en danger
par la malice des parties d'eftre ruinez
enfemble leurs femmes & leurs enfans. Et plus encores en ce temps que
iamais. D'autât que la plufpart defdits
Aduocats & Procureurs ayans esté
contraints pour noftre feruice fortir
de noftredite ville de Paris, leurs mai-
fons ont esté abandonnées en proye
à l'infolence des gens de guerre, garni-
fons & du menu peuple qui les ont
pillees & rauagees & bruflé lefdits pro
cez, tiltres & enfeignemens. Pour la
reftitution defquels fi l'action eftoit
indefiniment receue eux leurs femmes & enfans feroyent ruinez. Au
moyen dequoy lefdits expofans nous
auroient

auroient tref-humblement supplié &
requis fur ce leur pouruoir de reme-
des conuenables.

POVRCE EST-IL que nous de-
firans fubuehir à nos fubiets felon les
occurrences & l'exigence des cas, &
auffi traitter fauorablement lefdits
expofans en ce qu'il nous fera poffi-
ble pour l'affection qu'ils ont touf-
jours demonftrée au zele de noftre
feruice & de la Iuftice, & d'abondant
exciter les parties à fe rendre plus dili-
gés à faire rédre leurs facs & pieces , &
les retirer quant leurs procés feront iugez: & par ce moyen arrefter le cours
defdites pourfuites, à l'occafion def-
quelles lefdits expofans ny leurs femmes & enfans ne fe peuuent affeu-
rer du fruict de leurs labeurs, ayans
auffi efgard que noftre Cour de
Parlement a defia limité le temps de
la pourfuite & recherche des facs

pour leur regard, & de leurs vefues &
enfans, à trois ans, & donné plufieurs
Arrefts, tant en faueur defdits expofans que Procureurs de noftre Cha-
ftelet & autres : Par lefquels-aupara-
uant les troubles elle a limité le cours
de cefte actió, qui doit eftre reftraint
veu la mifère & calamité des troubles.

A CES CAVSES & autres à ce
nous mouuans. Nous auons dit, fta-
tué, declaré & ordonné. Difons & declarons & ordonnons par ces prefen-
tes que dorefnauant lefdits Aduocats
& Procureurs de noftredite Cour de
Parlement à Paris, leurs vefues, enfans
& heritiers & autres ayans droit d'eux,
ne porrót eftre pourfuiuis, inquietez,
ny recherchez directement ny indi-
rectement, foit par action principale
de fommation ou autrement en quelque forte & maniere que ce foit, pour
la reftitution des facs, pieces, procez,

inſtáces & productiós des parties dôt
ils ſont & ſe trouueront chargez ſur
les regiſtres des Huiſſiers, ou autres, ou
par leurs recepiſſez, Cinq ans auparauant que l'action ſoit meuë & inten-
tee contre eux, leurſdites veſues, enfans, heritiers ou autres ayans droict
d'eux. Leſquels cinq ans paſſez à com-
pter du iour & datte de leurs recepiſſez. Ladite action ſera & demeurera
nulle, eſtainte & preſcripte, & telle la
declarons dés à preſent comme pour
lors apres cinq ans paſſez. Soit pour
leur regard, ou autres qui à leur occa-
ſion en pourroyent eſtre recherchez,
& pretendroyent auoir recours contre eux. Et à ceſte fin voulons que
pour l'aduenir tous leſdits Aduocats
& Procureurs qui ſe chargeront des
pieces des parties ſoyét tenus en leurs
recepiſſez, à coſté ou au bas de leurs
ſeings, mettre ſur les Regiſtres le iour

B ij

& an auquel ils se sont chargez. Si
DONNONS en mandement à nos
amez & feaux Conseillers les gens te-
nans nostre Cour de Parlement à Paris: Que de nos presentes lettres de de-
claration vouloir & intention, vous
faites, souffrez & laissez iouyr & vser
plainement & paisiblement lesdits
Aduocats & Procureurs de nostredi-
te Cour de Parlement & leursdites vefues, enfans & heritiers selon & ainsi
que dessus, est dit. Cessans & faisans
cesser tous troubles & empeschemens
à ce contraires. Car tel est nostre plai-
sir. DONNE' à S. Germain en Laye,
l'vnziesme iour de Decembre, l'an de
grace mil cinq cens quatre vingts &
dixsept. Et de nostre regne le neu-
fiesme.

Par le Roy   RVSE'.

Registrees oy le Procureur general du Roy pour iouyr par les impetrans de la descharge des proces indecis & non iugez dix ans apres qu'ils en seront chargez & des iugez cinq ans: Et iouyront leurs vesues, enfans, heritiers, ou autres ayant droict d'eux, de ladite descharge pour le regard des procez tant iugez que indecis, cinq ans apres le decez desdits Aduocats & Procureurs. A Paris en Parlement le quatorziesme Mars mil six cens trois.

VOISIN.

B iij

VEv par la Cour, les grand
Chambre, Tournelle & de
l'Edict, assemblées les lettres
patétes du vnziesme Decembre quatre vingts dixsept, signees sur le reply,
par le Roy, Rusé, & seellees de cire
iaune. Par lesquelles inclinant à la supplication de la communauté des Aduocats & Procureurs, ledit Seigneur
veut & ordône que eux, leurs vefues,
enfans, heritiers & ayant droict d'eux
ne soient doresnauant recherchez &
poursuiuis pour la restitution des sacs
dont se trouueront chargez cinq ans
auant l'action à côter du iour de leurs
recepissez. Sur lesquels & registres feront tenus escrire le iour qu'ils se seront chargez demeurant apres lesdits cinq ans l'action extainte, ainsi

que au long contiennent lefdites let-
tres:requefte par eux prefentee à ladite Cour afin d'entherinement d'icelles,conclufions du Procureur general
du Roy : tout confideré,Ladite Cour
a ordonné & ordonne que lefdites
lettres feront regiftrees,oy le Procureur general du Roy,Pour iouyr par
les impetrans de la defcharge des procez indecis & non iugez,dix ans apres
qu'ils en feront chargez, & des iugez
cinq ans,& iouyront leurs vefues,en-
fans & heritiers ou autres ayant droict
d'eux de ladite defcharge pour le regard des procez tant iugez que indecis,cinq ans apres le decez defdits Aduocats & Procureurs. Faict en Parlement le quatorziefme Mars mil fix
cens trois.

VOISIN.